eskola - школа	2
bidaia - подорож	5
garraioa - транспорт	8
hiria - місто	10
paisaia - ландшафт	14
jatetxea - ресторан	17
supermerkatua - супермаркет	20
edariak - напої	22
janaria - їжа	23
baserria - ферма	27
etxea - дім	31
egongela - вітальня	33
sukaldea - кухня	35
bainugela - ванна кімната	38
haurren gela - дитяча кімната	42
arropa - одяг	44
bulegoa - офіс	49
ekonomia - економіка	51
lanbideak - професії	53
tresnak - інструменти	56
musika tresnak - музичні інструменти	57
zoologikoa - зоопарк	59
kirolak - спорт	62
jarduerak - дії	63
familia - сім'я	67
gorputza - тіло	68
ospitalea - лікарня	72
larrialdia - аварійний випадок	76
lurra - Земля	77
erlojua - годинник	79
astea - тиждень	80
urtea - рік	81
formak - форми	83
koloreak - фарби	84
aurkakoak - протилежності	85
zenbakiak - числа	88
hizkuntzak - мови	90
nor / zer / nola - хто / що / як	91
non - де	92

Impressum
Verlag: BABADADA GmbH, Nedderfeld 112 , 22529 Hamburg
Geschäftsführer / Verlagsleitung: Harald Hof
Druck: Books on Demand GmbH, In de Tarpen 42, 22848 Norderstedt

Imprint
Publisher: BABADADA GmbH, Nedderfeld 112 , 22529 Hamburg, Germany
Managing Director / Publishing direction: Harald Hof
Print: Books on Demand GmbH, In de Tarpen 42, 22848 Norderstedt, Germany

eskola
школа

- zatitu — ділити
- arbela — дошка
- ikasgela — класна кімната
- jolastokia — шкільний двір
- papera — папір
- irakaslea — вчитель
- idatzi — писати
- boligrafoa — ручка
- mahaia — письмовий стіл
- erregela — лінійка
- liburua — книга
- ikaslea — учень

palasa
ранець

estutxea
пенал

arkatza
олівець

zorrozkailua
точило

borragoma
гумка

marrazketa-koadernoa
альбом для малювання

marrazkia
малюнок

pintzela
пензель

margoen kaxa
коробка фарб

guraizeak
ножиці

kola
клей

ariketa liburua
зошит

etxeko lanak
домашнє завдання

zenbakia
число

gehitu
додавати

kendu
віднімати

biderkatu
множити

kalkulatu
рахувати

gutuna
літера

alfabetoa
абетка

hitza
слово

eskola - школа

testua
текст

irakurri
читати

klariona
крейда

ikasgaia
година

kalkulagailua
класний журнал

azterketa
екзамен

ziurtagiria
диплом

uniformea
шкільна форма

hezkuntza
освіта

entziklopedia
лексикон

unibertsitatea
університет

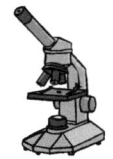
mikroskopioa
мікроскоп

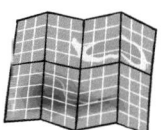
mapa
карта

zakarrontzia
кошик для паперу

eskola - школа

bidaia

подорож

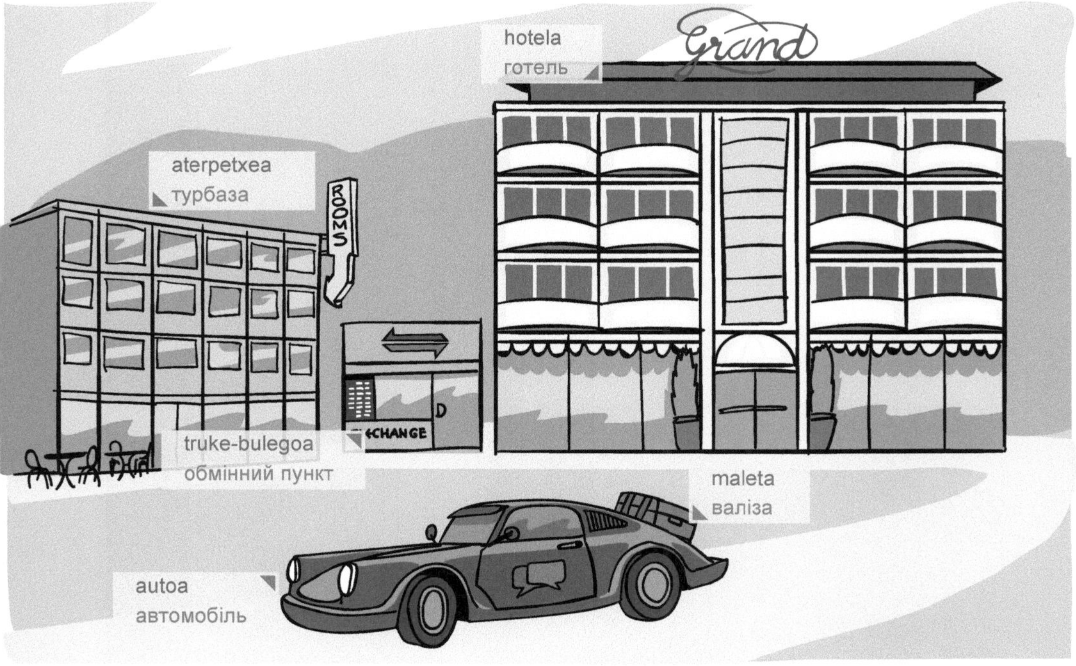

hotela
готель
Grand
aterpetxea
турбаза
ROOMS
truke-bulegoa
обмінний пункт
EXCHANGE
maleta
валіза
autoa
автомобіль

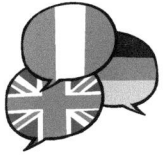

hizkuntza

мова

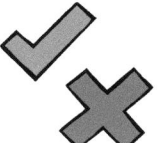

bai / ez

так / ні

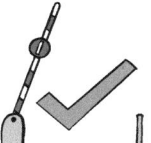

ados

добре

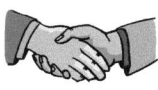

kaixo

привіт

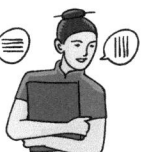

itzultzailea

перекладач

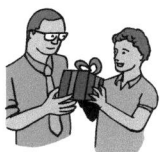

Eskerrik asko

дякую

zenbat da ...?

Скільки коштує ...?

Ez dut ulertzen

Я не розумію

arazoa

проблема

Gabon!

Добрий вечір!

egun on!

Доброго ранку!

gabon!

На добраніч!

agur

До побачення

norabidea

напрямок

ekipajea

багаж

poltsa

сумка

motxila

рюкзак

gonbidatua

гість

gela

кімната

lo-zakua

спальний мішок

kanpin-denda

намет

bidaia - подорож

informazio turistikoa
туристична інформація

hondartza
пляж

kreditu txartela
кредитна картка

gosaria
сніданок

bazkaria
обід

afaria
вечеря

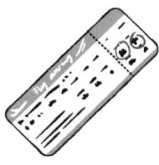
tiketa
квиток

igogailua
ліфт

zigilua
поштова марка

muga
межа

aduana
митниця

enbaxada
посольство

bisa
віза

pasaportea
паспорт

bidaia - подорож

garraioa
транспорт

hegazkina / літак
itsasontzia / корабель
suhiltzaile-kamioia / пожежна машина
autobusa / автобус
kamioia / вантажний автомобіль
motordun txalupa / моторний човен
autoa / автомобіль
txirrindula / велосипед

ferria

пором

txalupa

човен

motoa

мотоцикл

polizia-autoa

поліцейська машина

automobila

гоночний автомобіль

auto alokairua

автомобіль на прокат

auto-partekatzea

спільне користування авто

garabia

евакуатор

zabor bilketa

сміттєвоз

motorra

двигун

erregaia

паливо

gasolindegia

автозаправна станція

trafiko seinalea

дорожній знак

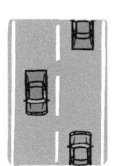

trafikoa

рух

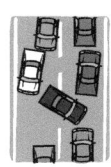

auto-ilara

затор

aparkalekua

стоянка

tren geltokia

вокзал

ibilbidea

рейки

trena

потяг

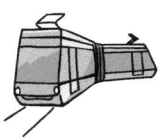

tranbia

трамвай

bagoia

вагон

garraioa - транспорт

helikopteroa
гелікоптер

aireportua
аеропорт

dorrea
вежа

bidaiaria
пасажир

edukiontzia
контейнер

kartoia
коробка

orgatila
візок

saskia
кошик

aireratu / lurreratu
стартувати / приземлятися

hiria
місто

herria
село

hiriaren erdigunean
центр міста

etxea
дім

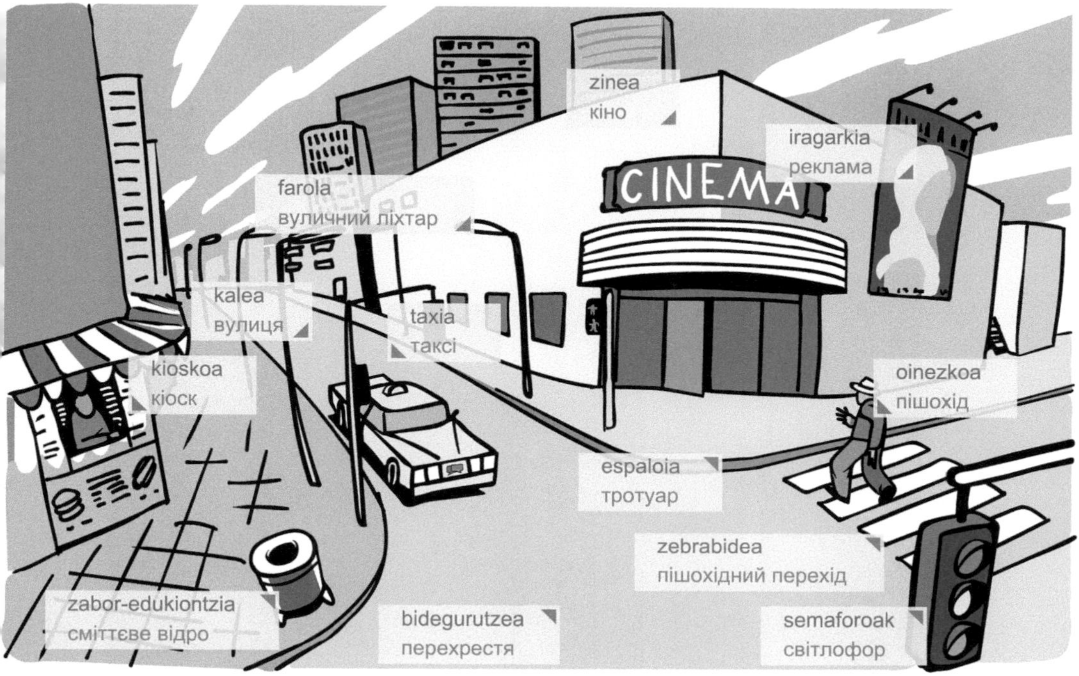

zinea
кіно

iragarkia
реклама

farola
вуличний ліхтар

kalea
вулиця

taxia
таксі

kioskoa
кіоск

oinezkoa
пішохід

espaloia
тротуар

zebrabidea
пішохідний перехід

zabor-edukiontzia
сміттєве відро

bidegurutzea
перехрестя

semaforoak
світлофор

etxola
хатина

apartamentua
квартира

tren geltokia
вокзал

udaletxea
ратуша

museoa
музей

eskola
школа

hiria - місто

unibertsitatea

університет

bankua

банк

ospitalea

лікарня

hotela

готель

farmazia

аптека

bulegoa

офіс

liburu-denda

книжковий магазин

denda

магазин

lore-denda

квітковий магазин

supermerkatua

супермаркет

merkatua

ринок

saltoki handiak

універмаг

arrandegia

торговець рибою

merkataritza-gunea

торговельний центр

portua

гавань

parkea
парк

bankua
лава

zubia
міст

eskailerak
сходи

metroa
метро

tunela
тунель

autobus geltokia
автобусна зупинка

taberna
бар

jatetxea
ресторан

postontzia
поштова скринька

seinalea
вулична табличка

parkimetroa
лічильник паркування

zoologikoa
зоопарк

igerilekua
басейн

mezkita
мечеть

hiria - місто

baserria — ферма

kutsadura — забруднення навколишнього середовища

hilerria — кладовище

eliza — церква

jolastokia — дитячий майданчик

tenplua — храм

paisaia
ландшафт

- hostoa — листок
- norabide zeinua — вказівний стовп
- bidea — шлях
- belardia — луг
- harria — камінь
- zuhaitza — дерево
- mendizalea — мандрівник
- ibaia — річка
- belarra — трава
- lorea — квітка

bailara

долина

muinoa

гора

aintzira

озеро

basoa

ліс

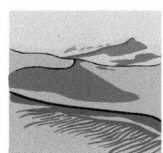

basamortua

пустеля

sumendia

вулкан

gaztelua

замок

ortzadarra

веселка

onddoa

гриб

palmondoa

пальма

eltxoa

комар

eulia

муха

inurria

мурашка

erlea

бджола

armiarma

павук

paisaia - ландшафт

kakalardoa

жук

igela

жаба

urtxintxa

вивірка

trikua

їжак

erbia

заєць

hontza

сова

txori

птах

beltxarga

лебідь

basurdea

кабан

oreina

олень

altze amerikarra

лось

presa

гребля

turbina eolikoa

вітряк

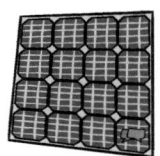

eguzki-panela

сонячний модуль

klima

клімат

paisaia - ландшафт

jatetxea
ресторан

zerbitzaria — офіціант
menua — меню
aulkia — стілець
zopa — суп
pizza — піца
mahai-oihala — скатертина
mahai-tresnak — столові прилади

hamaiketakoa

закуска

plater nagusia

друга страва

postrea

десерт

edariak

напої

janaria

їжа

botila

пляшка

janari lasterra

фаст-фуд

kalean jateko janaria

вулична їжа

teontzia

чайник

azukre-ontzia

цукорниця

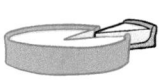

zatia

порція

espresso makina

еспресо-машина

aulki altua

високий стільчик

faktura

рахунок

erretilua

піднос

labana

ніж

sardexka

вилка

koilara

ложка

koilaratxoa

чайна ложка

ahozapia

серветка

beira

склянка

jatetxea - ресторан

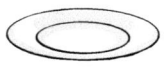

platera
тарілка

plater sakona
тарілка для супу

platertxoa
блюдце

saltsa
соус

gatzontzia
солонка

piperbeltz errota
млин для перцю

ozpina
оцет

olioa
масло

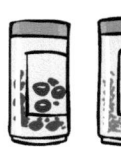

espeziak
спеції

ketchupa
кетчуп

mostaza
гірчиця

maionesa
майонез

jatetxea - ресторан

supermerkatua
супермаркет

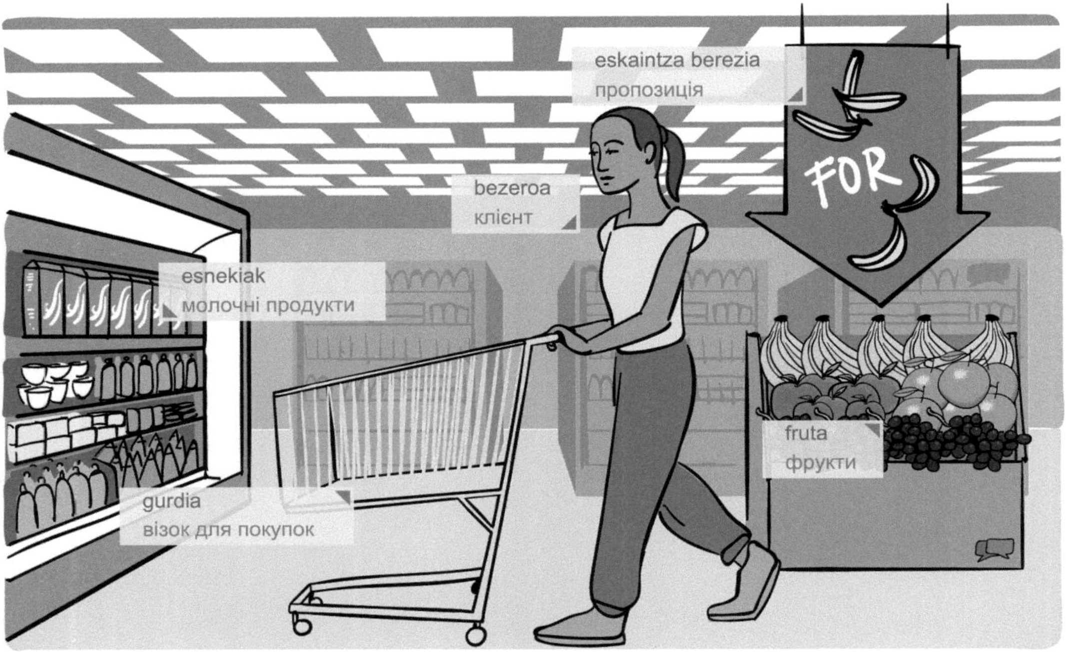

eskaintza berezia
пропозиція
FOR
bezeroa
клієнт
esnekiak
молочні продукти
fruta
фрукти
gurdia
візок для покупок

BUTCHERS

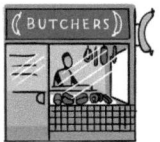

harategia

м'ясний магазин

BAKERY

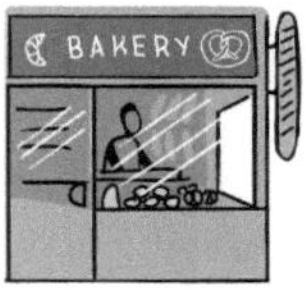

okindegia

пекарня

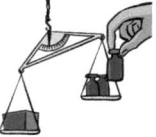

pisatu

зважувати

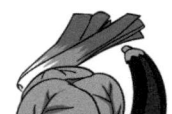

barazkiak

овочі

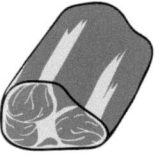

haragia

м'ясо

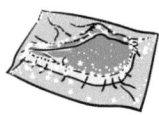

janari izoztuak

заморожені продукти

hestebeteak
ковбасна нарізка

kontserba
консерви

garbigarri-hautsa
пральний порошок

gozokia
солодощі

etxeko produktuak
предмети домашнього побуту

garbiketa produktuak
мийний засіб

saltzailea
продавщиця

kutxa erregistratzailea
каса

kutxazaina
касир

erosketa zerrenda
список покупок

ordutegia
часи роботи

diru-zorroa
гаманець

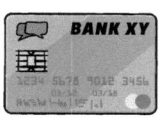
kreditu txartela
кредитна картка

poltsa
сумка

plastikozko poltsa
поліетиленовий пакет

supermerkatua - супермаркет

edariak
напої

ura
вода

zukua
сік

esnea
молоко

kokakola
кола

ardoa
вино

garagardoa
пиво

alkohola
алкоголь

txokolate beroa
какао

tea
чай

kafea
кава

espresso kafea
еспресо

caputxinoa
капучіно

janaria
їжа

banana
банан

sagarra
яблуко

laranja
апельсин

meloia
кавун

limoia
лимон

azenarioa
морква

baratxuria
часник

banbua
бамбук

tipula
цибуля

perretxikua
гриб

intxaurrak
горішки

fideoak
локшина

espagetiak	arroza	entsalada
спагеті	рис	салат

patata frijituak	patata frijituak	pizza
картопля фрі	смажена картопля	піца

hanburgesa	sandwicha	xerra
гамбургер	бутерброд	шніцель

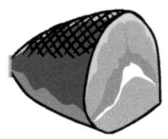

urdaiazpikoa	salami	saltxitxa
шинка	салямі	ковбаса

oilaskoa	haragi errea	arraina
курка	печеня	риба

janaria - їжа

olo-malutak
вівсяні пластівці

mueslia
мюслі

arto-malutak
кукурудзяні пластівці

irina
борошно

croissanta
круасан

ogi-opila
булочка

ogia
хліб

ogi xigortua
тостовий хліб

gailetak
печиво

gurina
масло

mamia
сир

pastela
пиріг

arrautza
яйце

arrautza frijitua
яєчня

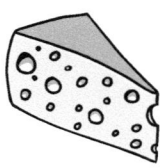
gazta
сир

janaria - їжа

izozkia
морозиво

azukrea
цукор

eztia
мед

mermelada
мармелад

txokolatezko krema
нуга-крем

currya
карі

janaria - їжа

baserria
ферма

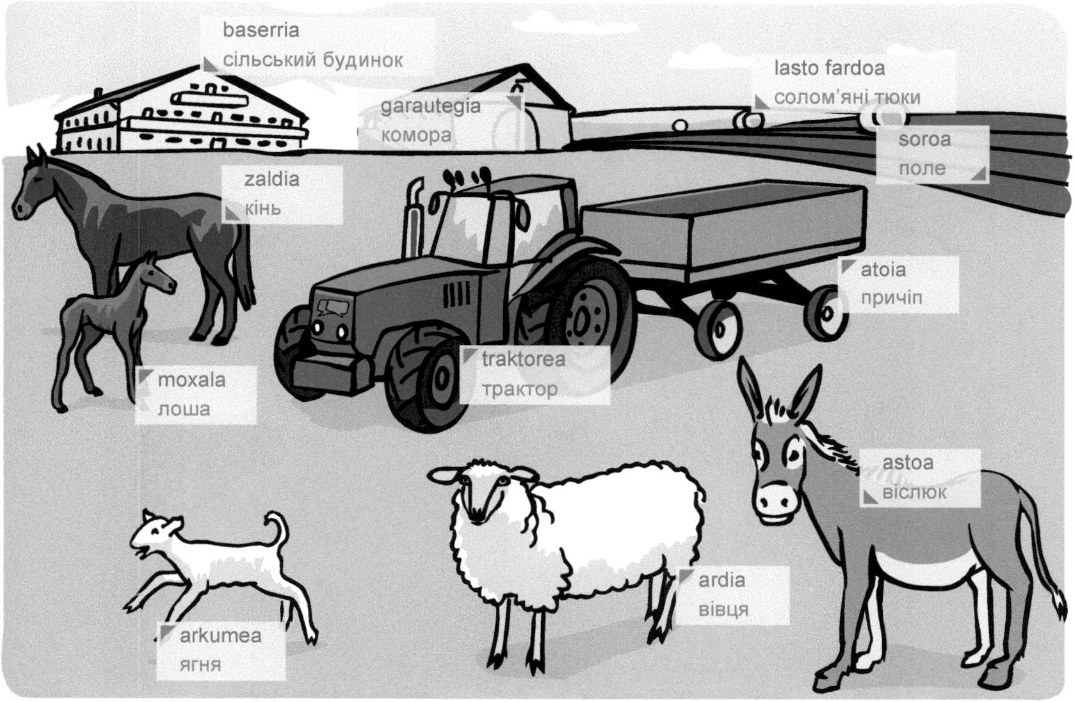

- baserria — сільський будинок
- garautegia — комора
- lasto fardoa — солом'яні тюки
- soroa — поле
- zaldia — кінь
- atoia — причіп
- moxala — лоша
- traktorea — трактор
- astoa — віслюк
- arkumea — ягня
- ardia — вівця

ahuntza

коза

behia

корова

txahala

теля

txerria

свиня

txerrikumea

порося

zezena

бик

antzara
гусак

ahatea
качка

txita
курча

oiloa
курка

oilarra
півень

arratoia
щур

katua
кіт

sagua
миша

idia
віл

txakurra
собака

txakurraren etxola
собача будка

mahuka
садовий шланг

garaztailua
лійка

sega
коса

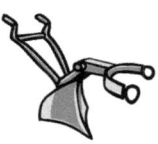
goldea
плуг

baserria - ферма

igitaia
серп

aitzurra
мотика

sardea
вила

aizkora
сокира

eskorga
тачка

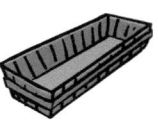
aska
корито

esneontzia
бідон молока

zakua
мішок

hesia
паркан

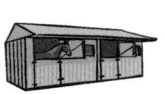
ikuilua
хлів

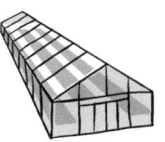
berotegia
теплиця

lurzorua
ґрунт

hazia
насіння

ongarria
добриво

uztamakinak
комбайн

baserria - ферма

uztatu
пожинати

uzta
урожай

ñamea
корінь ямсу

garia
пшениця

soja
соя

patata
картопля

artoa
кукурудза

koltza
ріпак

fruta zuhaitz
плодове дерево

manioka
маніок

zerealak
злаки

baserria - ферма

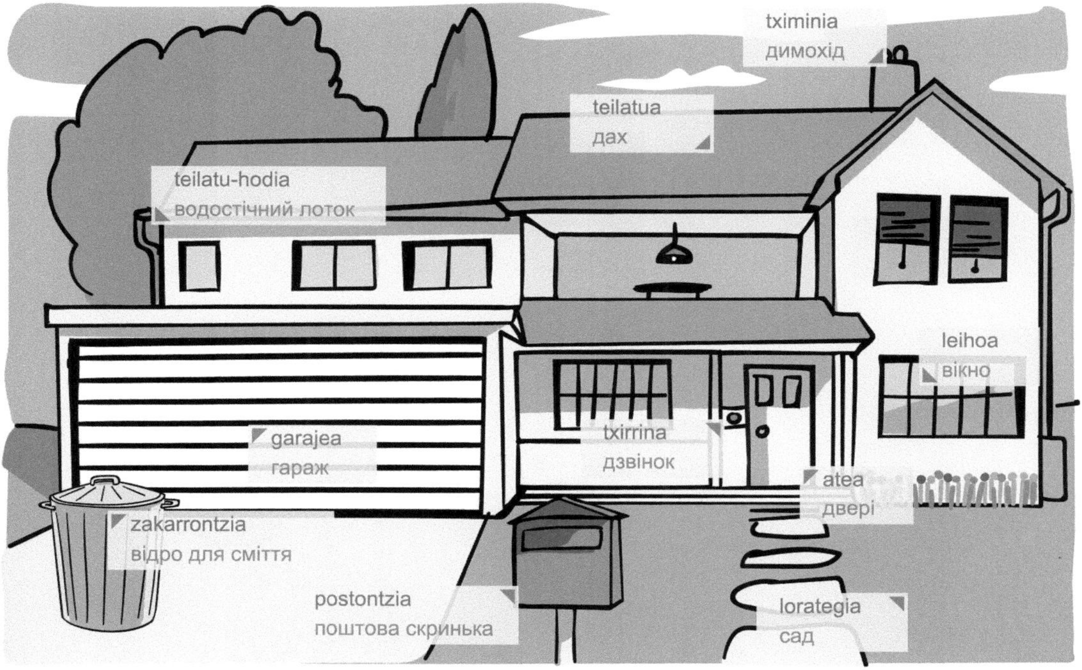

etxea
дім

tximinia / димохід
teilatua / дах
teilatu-hodia / водостічний лоток
leihoa / вікно
garajea / гараж
txirrina / дзвінок
atea / двері
zakarrontzia / відро для сміття
postontzia / поштова скринька
lorategia / сад

egongela
вітальня

bainugela
ванна кімната

sukaldea
кухня

logelak
спальня

haurren gela
дитяча кімната

jangela
їдальня

etxea - дім

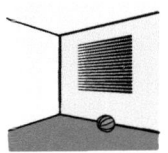

solairua
підлога

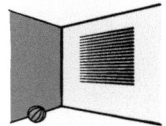

horma
стіна

sabaia
стеля

sotoa
підвал

sauna
сауна

balkoia
балкон

terraza
тераса

igerilekua
басейн

belarra mozteko makina
косарка

izara
простирало

ohe-estalkia
ковдра

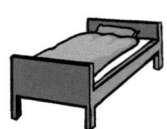

ohea
ліжко

erratza
мітла

ontzia
відро

etengailua
перемикач

etxea - дім

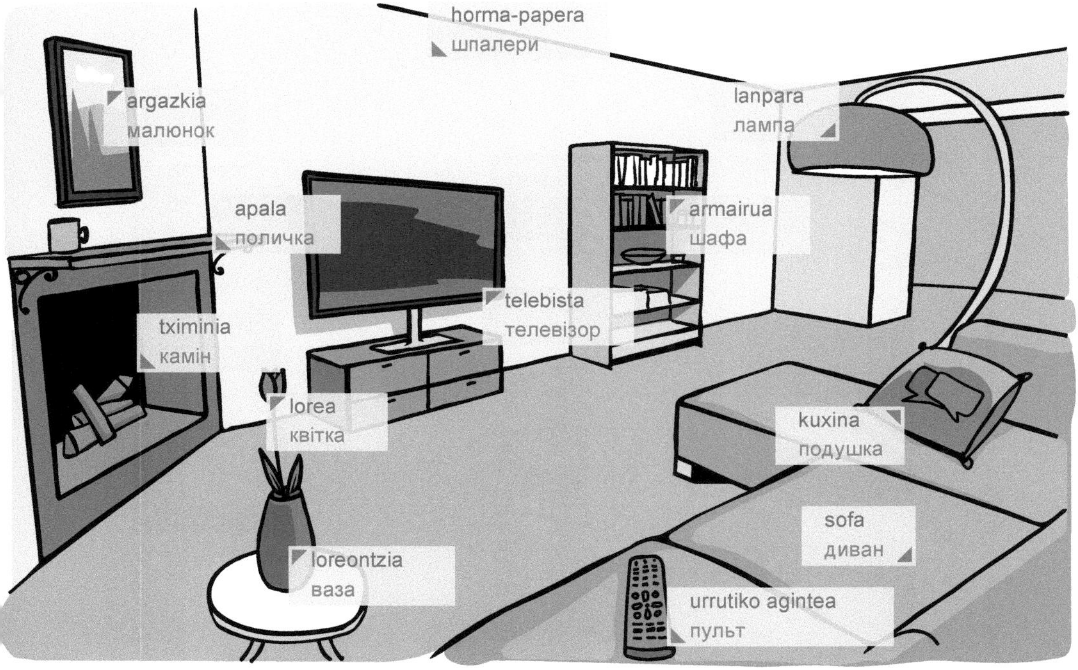

egongela
вітальня

- horma-papera / шпалери
- argazkia / малюнок
- lanpara / лампа
- apala / поличка
- armairua / шафа
- tximinia / камін
- telebista / телевізор
- lorea / квітка
- kuxina / подушка
- loreontzia / ваза
- sofa / диван
- urrutiko agintea / пульт

alfonbra
килим

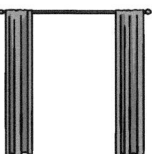

gortina
завіса

mahaia
стіл

aulkia
стілець

kulunkaulkia
крісло-гойдалка

besaulkia
крісло

liburua
книга

manta
ковдра

apainketa
прикраса

egurra
дрова

filma
фільм

musika-katea
стереосистема

giltza
ключ

egunkaria
газета

marrazkia
картина

posterra
плакат

irratia
радіо

koadernoa
блокнот

xurgagailua
пилосос

kaktusa
кактус

kandela
свічка

egongela - вітальня

sukaldea
кухня

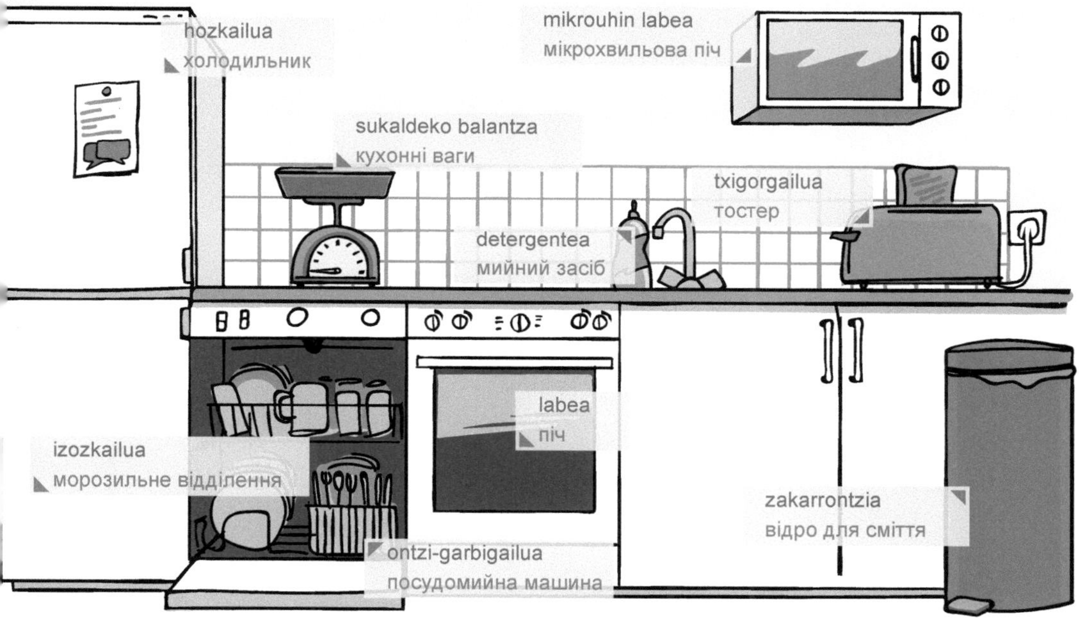

hozkailua
холодильник

mikrouhin labea
мікрохвильова піч

sukaldeko balantza
кухонні ваги

txigorgailua
тостер

detergentea
мийний засіб

labea
піч

izozkailua
морозильне відділення

zakarrontzia
відро для сміття

ontzi-garbigailua
посудомийна машина

presio-eltzea

плита

lapikoa

горщик

burdinezko eltzea

чавунний горщик

woka

вок / кадай

zartagina

сковорода

irokinontzia

чайник

bapore-eltzea
пароварка

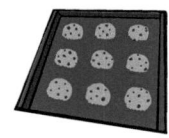
gozogintza erretilua
лист

baxera
посуд

katilua
кухоль

katilua
чаша

zotz txinatarrak
палички для їжі

burruntzalia
черпак

apar-burruntzalia
лопатка

irabiagailua
вінчик для збивання

iragazkia
сито

bahea
сито

birringailua
терка

almaizea
ступка

barbakoa
барбекю

sua
багаття

sukaldea - кухня

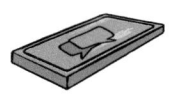

xehatze-ohola
дошка

arrabola
качалка

kortxo-kentzekoa
штопор

lata
консерва

poto-irekitzekoa
відкривачка

eskutrapua
прихватки

konketa
раковина

eskuila
щітка

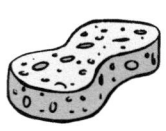

belakia
губка

irabiagailua
міксер

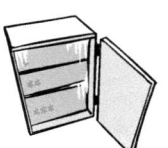

izozkailua
морозильна камера

biberoia
дитяча пляшка

kanila
кран

sukaldea - кухня

37

bainugela
ванна кімната

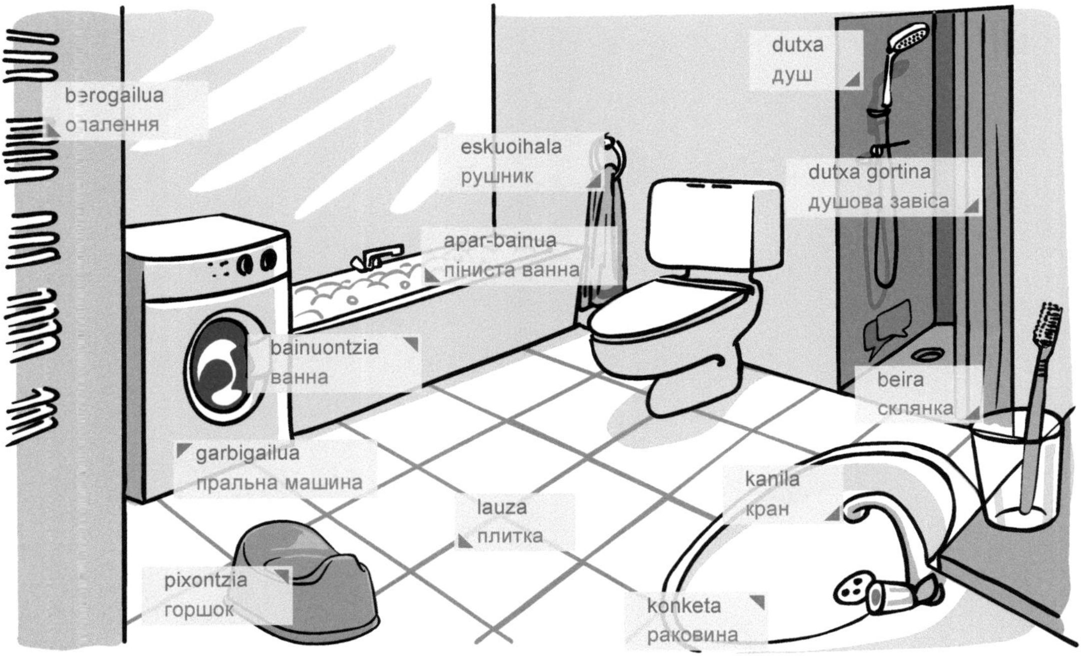

berogailua — опалення
dutxa — душ
eskuoihala — рушник
dutxa gortina — душова завіса
apar-bainua — пінista ванна
bainuontzia — ванна
beira — склянка
garbigailua — пральна машина
kanila — кран
lauza — плитка
pixontzia — горщик
konketa — раковина

komuna — туалет
komun turkiarra — підлоговий туалет
bideta — біде
pixalekua — пісуар
komuneko papera — туалетний папір
komuneko eskuila — щітка для туалету

hortzetako eskuila
зубна щітка

hortzetako pasta
зубна паста

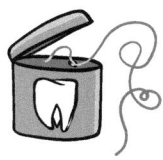
hortzetako haria
нитка для чищення зубів

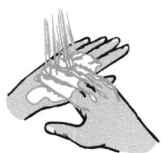
garbitu
мити

eskuko dutxa
ручний душ

dutxa
інтимний душ

aska
таз

bizkar-eskuila
щітка для спини

xaboia
мило

dutxako xaboia
гель для душу

xanpua
шампунь

franela
мочалка

hustubidea
водостік

krema
крем

desodorantea
дезодорант

bainugela - ванна кімната

ispilua
дзеркало

eskuko ispilu
косметичне дзеркало

bizar-aitzurra
бритва

bizarra mozteko aparra
піна для гоління

bizar-lozioa
лосьйон після гоління

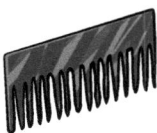
orrazia
гребінь

eskuila
щітка

ile-lehorgailua
фен

laka
лак для волосся

makilajea
косметика

ezpainetakoa
губна помада

azkazal-berniza
лак для нігтів

kotoia
вата

azkazal-moztekoa
ножиці для нігтів

lurrina
парфум

bainugela - ванна кімната

arropa saskia
косметичка

aulkia
табурет

baskula
ваги

bainu-bata
халат

gomazko eskularruak
гумові рукавички

tanpoia
тампон

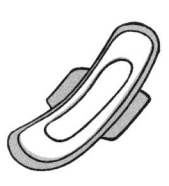
konpresa
гігієнічні прокладки

komun kimikoa
біотуалет

haurren gela
дитяча кімната

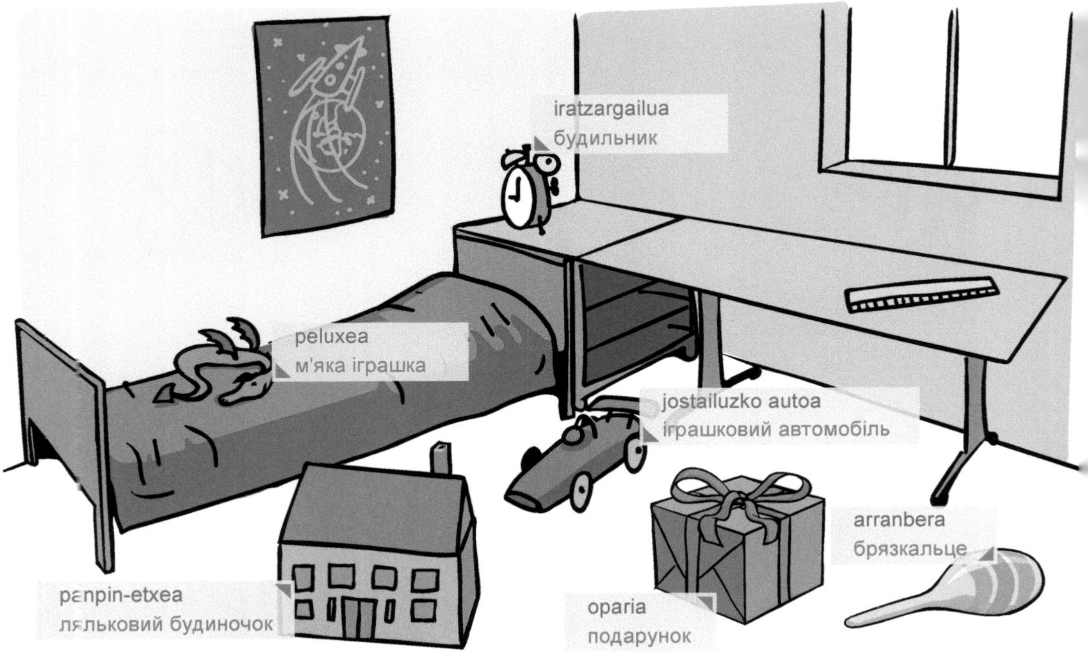

iratzargailua
будильник

peluxea
м'яка іграшка

jostailuzko autoa
іграшковий автомобіль

panpin-etxea
ляльковий будиночок

oparia
подарунок

arranbera
брязкальце

puxika

повітряна кулька

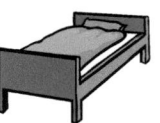

ohea

ліжко

haur-kotxea

дитячий візок

karta-sorta

картярська гра

puzzlea

пазл

komikia

комікс

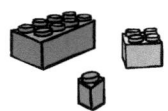

lego piezak

лего цеглинки

eraikitzeko blokeak

блоки

superheroi-panpina

іграшкова фігурка

body-a

повзунки

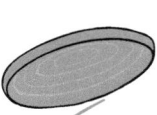

frisbia

фризбі

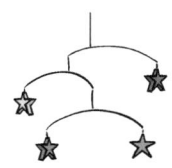

mugikaria

мобіле

mahai-jokoa

настільна гра

dadoa

кубик

jostailuzko trena

модель залізнична станція

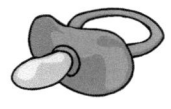

txupetea

соска

festa

вечірка

argazki-albuma

книжка з картинками

balioa

м'яч

panpina

лялька

jolastu

грати

haurren gela - дитяча кімната

43

hondar-kutxa
пісочниця

zabua
гойдалка

jostailuak
іграшка

bideo-jokoen kontsola
ігральна консоль

trizikloa
триколісний велосипед

peluxe-hartza
плюшевий мішка

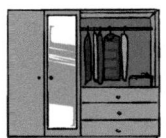

armairua
шафа

arropa
одяг

galtzerdiak
шкарпетки

galtzerdi luzeak
панчохи

pantiak
колготки

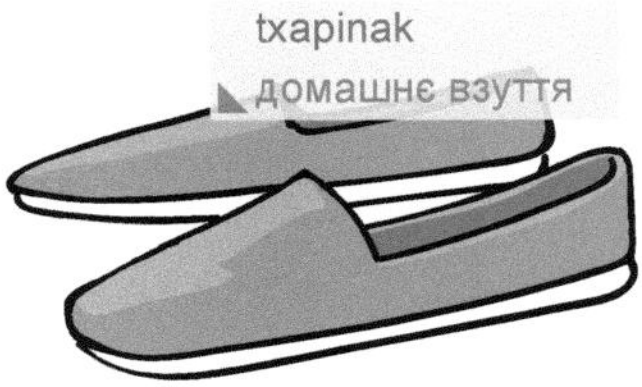

zapia
шарф

aterkia
парасоля

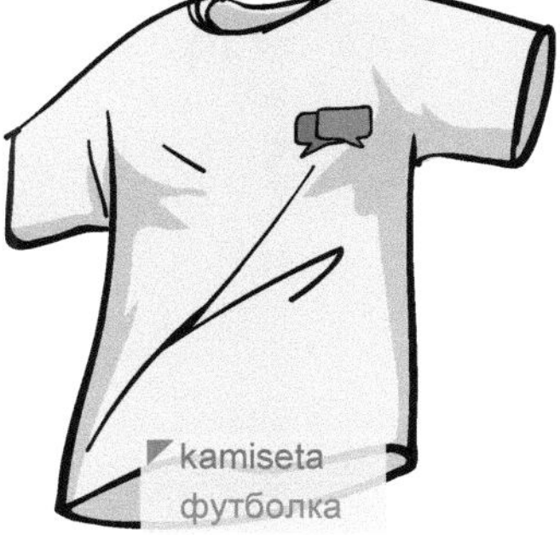

kamiseta
футболка

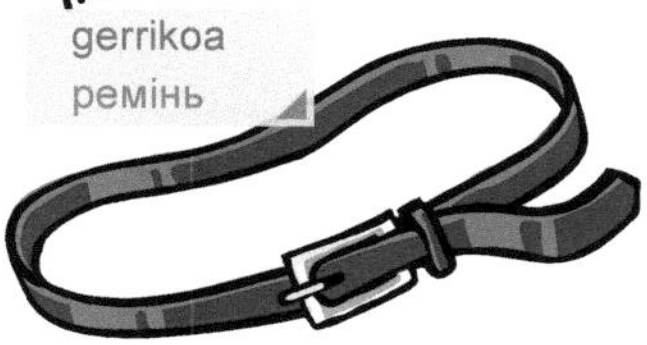

gerrikoa
ремінь

oinetakoak
чоботи

txapinak
домашнє взуття

kirol-oinetakoak
кросівки

sandaliak

сандалі

oinetakoak

взуття

gomazko botak

гумові чоботи

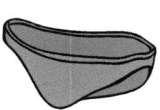

eslipa

труси

bularretakoa

бюстгальтер

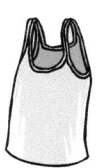

kamiseta

нижня сорочка

arropa - одяг

gorputza
боді

galtzak
штани

galtza bakeroak
джинси

gona
спідниця

blusa
блузка

alkandora
сорочка

jertsea
пуловер

jertsea
светр

jaka
піджак

jaka
куртка

berokia
пальто

zira
дощовик

trajea
костюм

soinekoa
сукня

ezkontza soinekoa
весільна сукня

 trajea — костюм	 kamisoia — нічна сорочка	 pijama — піжама
 saria — сарі	 zapia — головна хустка	 turbantea — чалма
 burka — бурка	 kaftana — кафтан	 abaya — абая
 bainujantzia — купальник	 gizonezkoen bainujantzia — плавки	 galtzamotzak — шорти
 txandala — тренувальний костюм	 mantala — фартух	 eskularruak — рукавички

botoia
ґудзик

betaurrekoak
окуляри

eskumuturrekoa
браслет

lepokoa
ланцюг

eraztuna
кільце

belarritakoa
сережка

bisera
шапка

esekigailua
плічка

kapela
капелюх

gorbata
краватка

kremailera
застібка-блискавка

kaskoa
шолом

galtza-uhalak
підтяжки

uniformea
шкільна форма

uniformea
уніформа

lerde-zapi

нагрудник

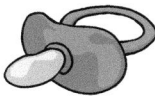

txupetea

соска

pixoihala

підгузок

bulegoa
офіс

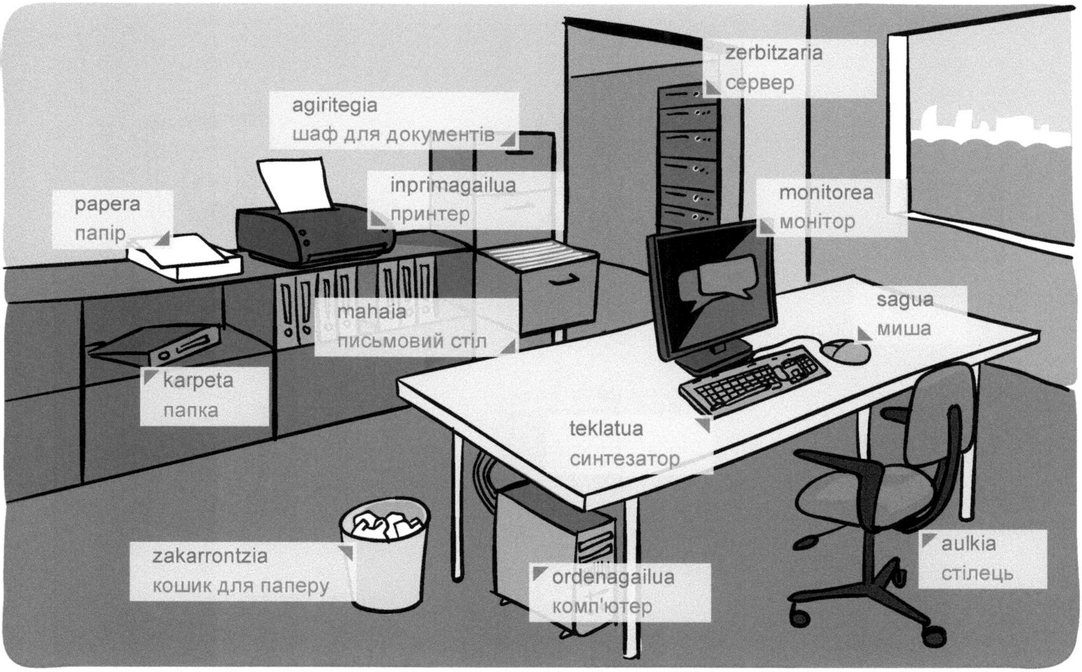

- zerbitzaria — сервер
- agiritegia — шаф для документів
- inprimagailua — принтер
- monitorea — монітор
- papera — папір
- mahaia — письмовий стіл
- sagua — миша
- karpeta — папка
- teklatua — синтезатор
- zakarrontzia — кошик для паперу
- ordenagailua — комп'ютер
- aulkia — стілець

kafe katilua

кавовий кухоль

kalkulagailua

калькулятор

internet

інтернет

ordenagailu eramangarria
ноутбук

gutuna
лист

mezua
повідомлення

mugikorra
мобільний телефон

sarea
мережа

fotokopiagailua
копіювальний пристрій

software
програмне забезпечення

telefonoa
телефон

entxufea
розетка

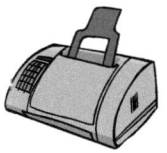
faxa
факс

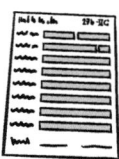

inprimakia
бланк

dokumentua
документ

ekonomia
економіка

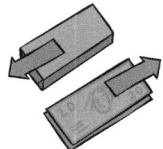
erosi
купувати

ordaindu
платити

salerosi
торгувати

dirua
гроші

dolarra
долар

euroa
євро

yena
ієна

rublea
рубль

franko suitzarra
франк

renminbi yuana
юанів женьміньбі

rupia
рупія

kutxazaina
банкомат

truke-bulegoa

обмінний пункт

urrea

золото

zilarra

срібло

petrolioa

нафта

energia

енергія

prezioa

ціна

kontratua

контракт

zerga

податок

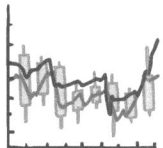

akzioa

акція

lan egin

працювати

enplegatua

працівник

enpresaria

роботодавець

fabrika

фабрика

denda

магазин

ekonomia - економіка

lanbideak
професії

polizia-agente
поліцейський

suhiltzailea
пожежник

sukaldaria
повар

medikua
лікар

pilotua
пілот

lorezaina

садівник

arotza

столяр

jostuna

швачка

epailea

суддя

botikaria

хімік

aktorea

актор

autobus gidaria
водій автобуса

taxi-gidaria
таксист

arrantzalea
рибалка

garbitzailea
прибиральниця

sabaigilea
покрівельник

zerbitzaria
офіціант

ehiztaria
мисливець

margolaria
художник

okina
пекар

elektrikaria
електрик

igeltseroa
будівельник

ingeniaria
інженер

harakina
забійник

iturgina
бляхар

postaria
листоноша

lanbideak - професії

soldadua
солдат

arkitektoa
архітектор

kutxazaina
касир

lore-saltzailea
флорист

ile-apaintzailea
перукар

gidaria
кондуктор

mekanikaria
механік

kapitaina
капітан

dentista
дантист

zientzialaria
вчений

rabinoa
рабин

imama
імам

monjea
монах

elizgizona
пастор

lanbideak - професії

tresnak
інструменти

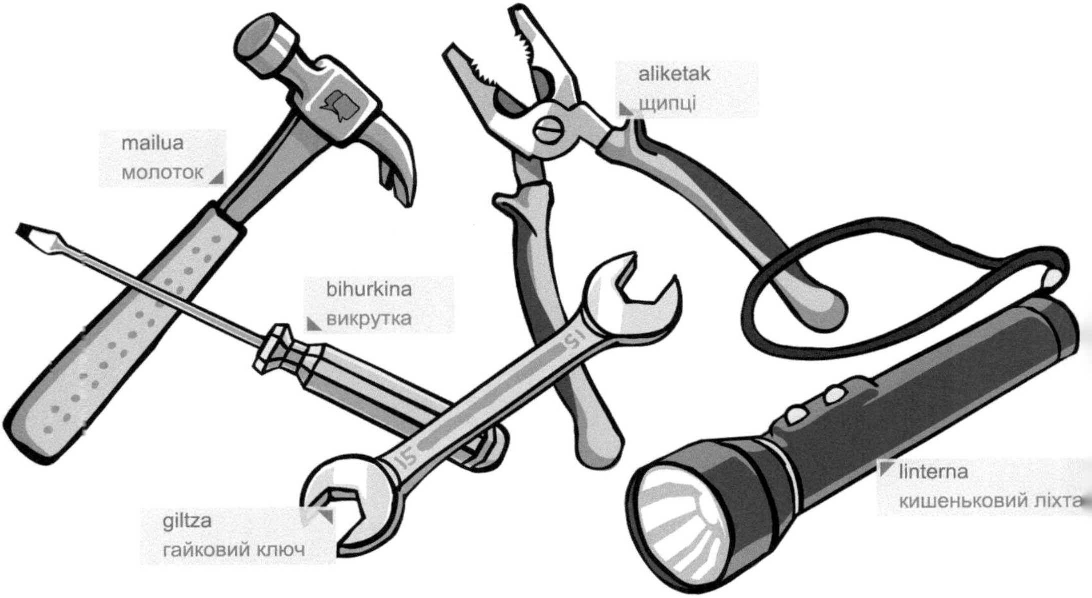

mailua
молоток

aliketak
щипці

bihurkina
викрутка

giltza
гайковий ключ

linterna
кишеньковий ліхта

zulakaria

екскаватор

herraminta-kutxa

ящик для інструментів

eskailera

драбина

zerra

пилка

iltzeak

цвяхи

zulagailua

свердло

konpondu
ремонтувати

pala
лопата

Demontre!
лайно!

pala
совок

pintura potea
відро з фарбою

torlojuak
гвинти

musika tresnak
музичні інструменти

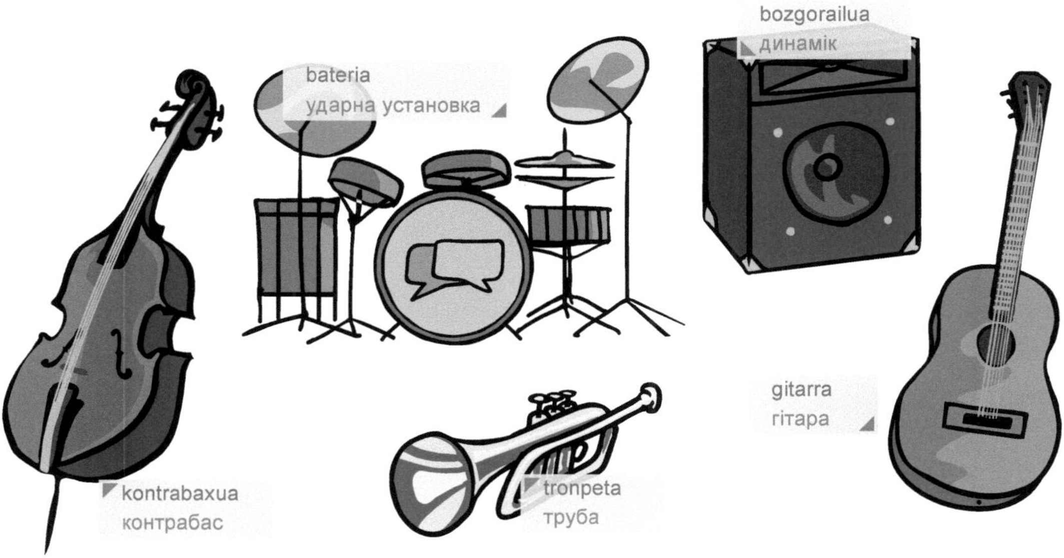

bozgorailua
динамік

bateria
ударна установка

gitarra
гітара

kontrabaxua
контрабас

tronpeta
труба

pianoa
фортепіано

biolina
скрипка

baxua
бас

tinbalak
литаври

danborra
барабан

teklatua
клавіатура

saxofoia
саксофон

txirula
флейта

mikrofonoa
мікрофон

zoologikoa
зоопарк

tigrea / тигр
sarrera / вхід
kaiola / клітка
zebra / зебра
animalien janaria / корм
panda / панда

animaliak
тварини

elefantea
слон

kangurua
кенгуру

errinozeroa
носоріг

gorila
горила

hartza
ведмідь

gamelua
верблюд

ostruka
страус

lehoia
лев

tximinoa
мавпа

flamenkoa
фламінго

loroa
папуга

hartz zuria
білий ведмідь

pinguinoa
пінгвін

marrazoa
акула

hegazterrena
павич

sugea
змія

krokodiloa
крокодил

zoo zaindaria
працівник зоопарку

itsas txakurra
тюлень

jaguarra
ягуар

zoologikoa - зоопарк

ponia

поні

lehoinabarra

леопард

hipopotamoa

гіпопотам

jirafa

жираф

arranoa

орел

basurdea

кабан

arraina

риба

dortoka

черепаха

mortsa

морж

azeria

лисиця

gazela

газель

zoologikoa - зоопарк

kirolak
спорт

jarduerak
дії

idatzi	marraztu	erakutsi
писати	малювати	показувати
bultzatu	eman	hartu
тиснути	давати	брати

jarduerak - дії

eduki
мати

egin
робити

izan
бути

zutik egon
стояти

korrika egin
бігати

tiratu
тягнути

bota
кидати

erori
падати

gezurra esan
лежати

itxaron
очікувати

eraman
носити

eseri
сидіти

jantzi
одягати

lo egin
спати

esnatu
просипатися

jarduerak - дії

begiratu
дивитися

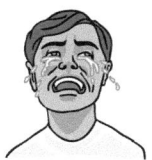
negar egin
плакати

laztandu
гладити

orraztu
розчісувати

hitz egin
розмовляти

ulertu
розуміти

galdetu
питати

entzun
слухати

edan
пити

jan
їсти

txukundu
прибирати

maitatu
любити

kozinatu
варити

gidatu
їхати

hegan egin
літати

jarduerak - дії

nabigatu
йти під вітрилом

kalkulatu
рахувати

irakurri
читати

ikasi
вчитися

lan egin
працювати

ezkondu
одружуватися

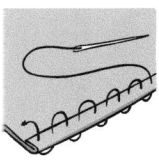
josi
шити

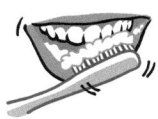
hortzak garbitu
чистити зуби

hil
убивати

erre
курити

bidali
посилати

familia
сім'я

amona — бабуся
aitona — дідуся
aita — батько
ama — мати
haurtxoa — немовля
alaba — донька
semea — син

gonbidatua

гість

izeba

тітка

osaba

дядько

anaia

брат

arreba

сестра

familia - сім'я

gorputza
тіло

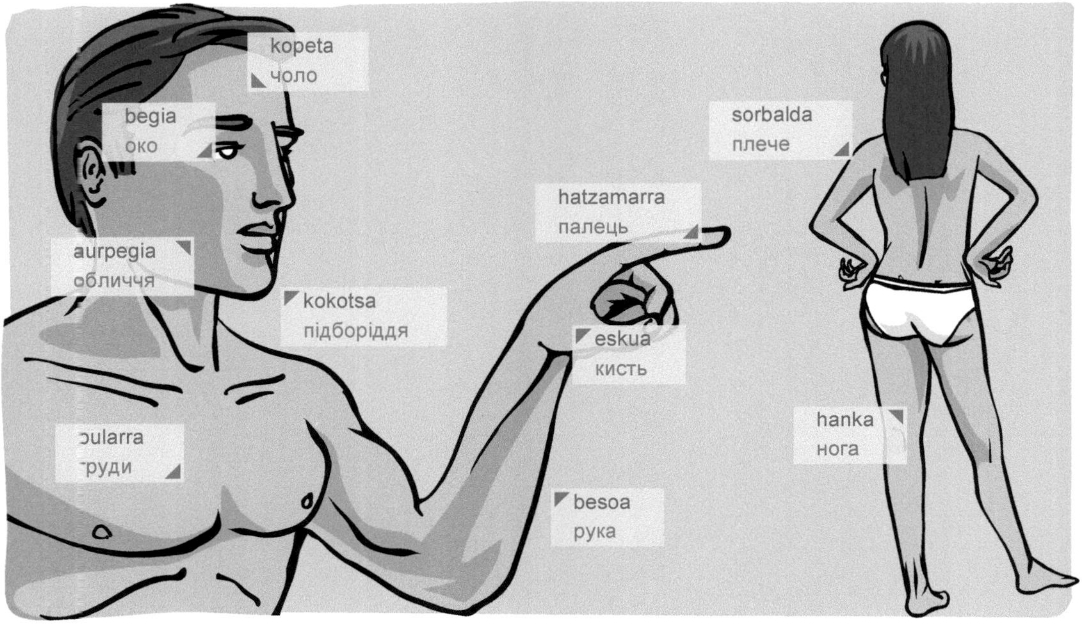

- kopeta — чоло
- begia — око
- aurpegia — обличчя
- kokotsa — підборіддя
- sorbalda — плече
- hatzamarra — палець
- eskua — кисть
- bularra — груди
- besoa — рука
- hanka — нога

haurtxoa
немовля

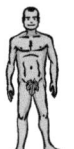

gizona
чоловік

emakumea
жінка

neska
дівчина

mutila
хлопчик

burua
голова

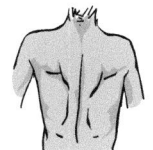

bizkarra

спина

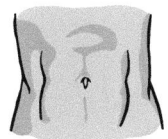

sabela

живіт

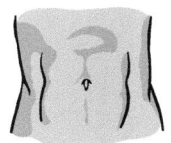

zilborra

пуп

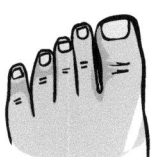

behatza

палець ноги

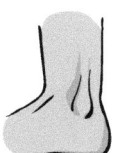

orpoa

п'ята

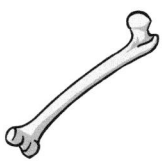

hezurra

кістка

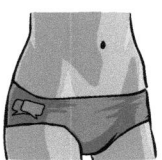

aldaka

стегно

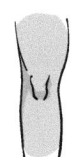

belauna

коліно

ukondoa

лікоть

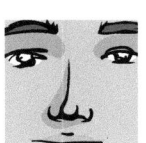

sudurra

ніс

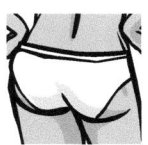

ipurdia

сідниці

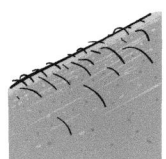

azala

шкіра

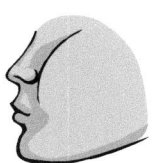

masaila

щока

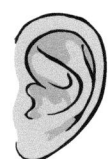

belarria

вухо

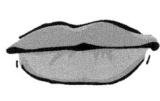

ezpaina

губа

gorputza - тіло

ahoa
рот

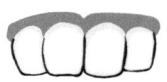
hortza
зуб

mihia
язик

garuna
мозок

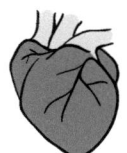
bihotza
серце

muskulua
м'яз

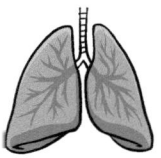
birika
легені

gibela
печінка

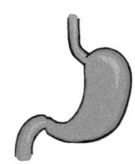
urdaila
шлунок

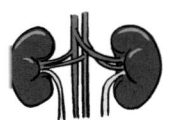
giltzurruna
нирки

sexua
статевий акт

kondoia
презерватив

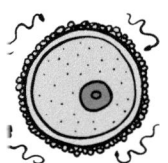
arrautza
яйцеклітина

semena
сперма

haurdunaldia
вагітність

gorputza - тіло

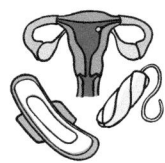
hilerokoa

менструація

bagina

вагіна

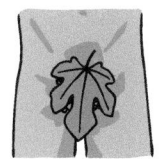
zakil

пеніс

bekaina

брова

ilea

волосся

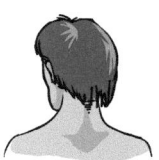
lepoa

шия

gorputza - тіло

ospitalea
лікарня

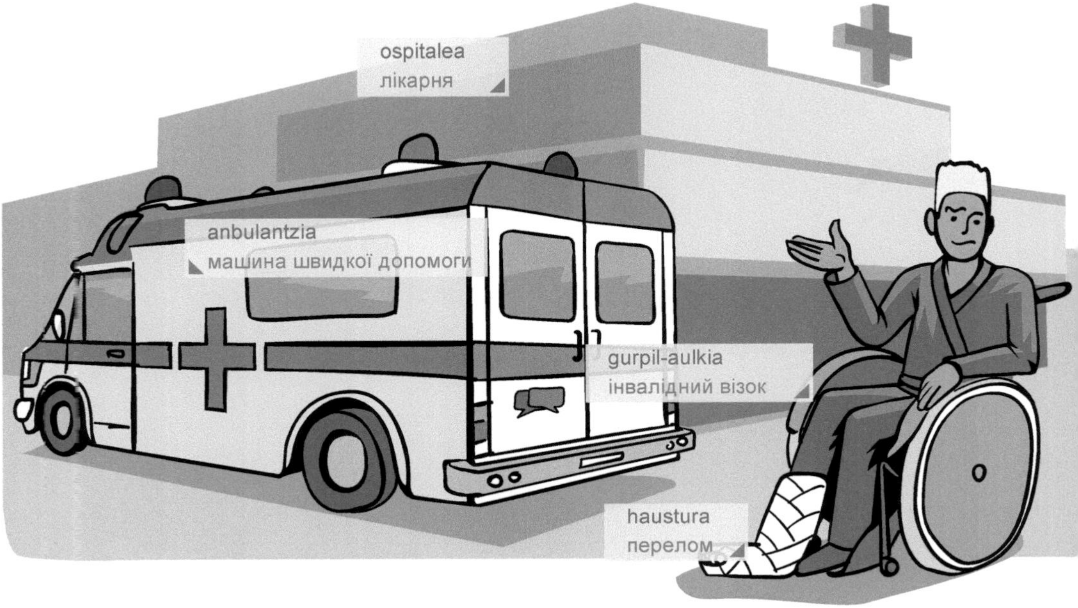

ospitalea
лікарня

anbulantzia
машина швидкої допомоги

gurpil-aulkia
інвалідний візок

haustura
перелом

medikua

лікар

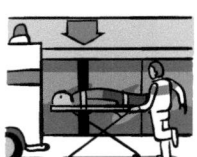

larrialdi gela

відділення швидкої медичної допомоги

erizaina

медсестра

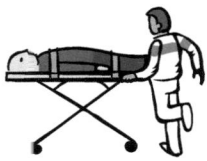

larrialdia

аварійний випадок

konorterik gabe

непритомний

mina

біль

 lesioa травма	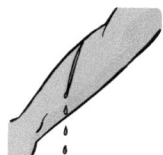 hemorragia кровотеча	 bihotzekoa інфаркт
 iktusa інсульт	 alergia алергія	 eztula кашель
 sukarra лихоманка	 gripea грип	 beherakoa пронос
 buruko mina головна біль	 minbizia рак	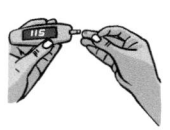 diabetesa діабет
 zirujaua хірург	 bisturia скальпель	 ebakuntza операція

ospitalea - лікарня

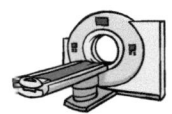
OTA
КТ

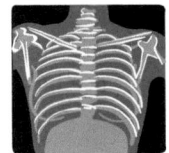
erradiografia
рентген

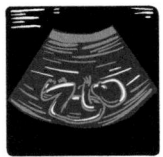
ultrasoinua
ультразвук

maskara
маска

gaixotasuna
хвороба

itxarongela
зал очікування

makulua
милиця

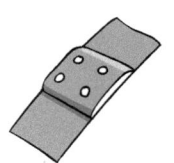
tirita
пластир

benda
пов'язка

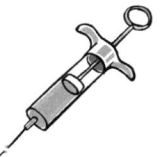
injekzioa
ін'єкція

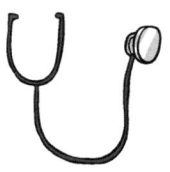
estetoskopioa
стетоскоп

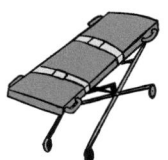
ohatila
ноші

termometro klinikoa
термометр

jaiotza
народження

gehiegizko pisua
надмірна вага

ospitalea - лікарня

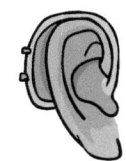
audiofonoa
слуховий апарат

desinfektatzailea
дезінфікуючий засіб

infekzioa
інфекція

birusa
вірус

GIB / HIES
ВІЛ / СНІД

sendagaia
медицина

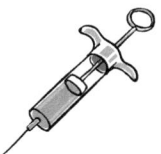
txertoa
вакцинація

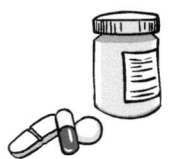
pilulak
таблетки

pilula
протизаплідна пігулка

larrialdi deia
екстрений виклик

tentsiometroa
тонометр

gaixo / osasuntsu
хворий / здоровий

ospitalea - лікарня

larrialdia
аварійний випадок

Laguntza!
Допоможіть!

alarma
сигнал тривоги

lapurreta
напад

erasoa
атака

arriskua
небезпека

larrialdietarako irteera
аварійний вихід

sua!
Вогонь!

itzaltzailea
вогнегасник

istripua
аварія

lehen laguntzarako botikina

аптечка

SOS
СОС

polizia
поліція

Iurra
Земля

Europa

Європа

Ipar Amerika

Північна Америка

Hego Amerika

Південна Америка

Afrika

Африка

Asia

Азія

Australia

Австралія

Atlantikoa

Атлантика

Pazifikoa

Тихий океан

Ozeano Indikoa

Індійський океан

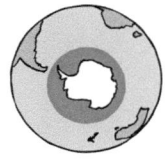

Ozeano Antartikoa

Антарктичний океан

Ozeano Artikoa

Північний Льодовитий океан

Ipar poloa

Північний полюс

Hego poloa
Південний полюс

Antartika
Антарктика

lurra
Земля

lurra
суша

itsasoa
море

irla
острів

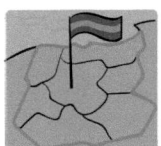
nazioa
нація

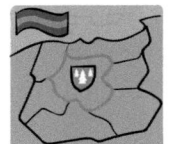
estatua
держава

erlojua
годинник

erlojuaren esfera

циферблат

ordu-orratza

годинникова стрілка

minutu-orratza

хвилинна стрілка

segundo-orratza

секундна стрілка

Zer ordu da?

Котра година?

eguna

день

denbora

час

orain

зараз

erloju digitala

цифровий годинник

minutua

хвилина

ordua

година

astea
тиждень

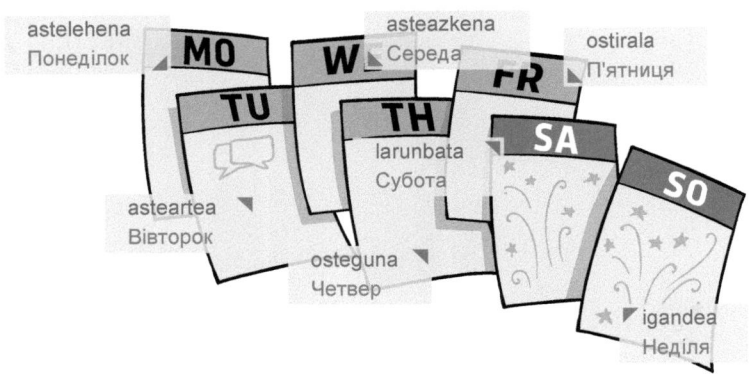

astelehena — Понеділок
asteartea — Вівторок
asteazkena — Середа
osteguna — Четвер
ostirala — П'ятниця
larunbata — Субота
igandea — Неділя

atzo
вчора

gaur
сьогодні

bihar
завтра

goiza
ранок

eguerdia
опівдні

arratsaldea
вечір

laneguna
робочі дні

asteburua
кінець робочого тижня

urtea
рік

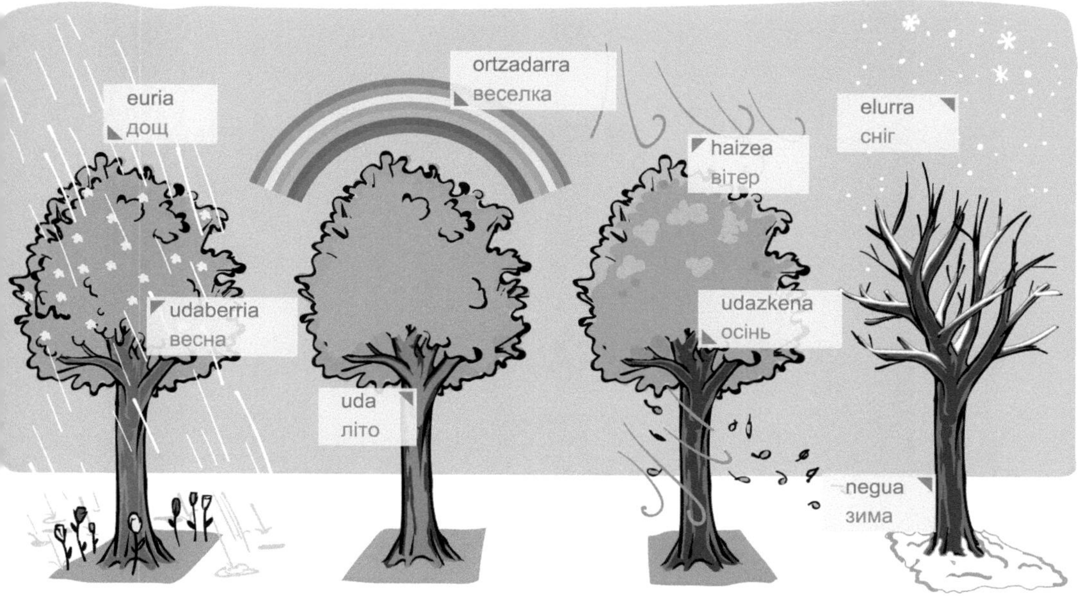

euria / дощ

ortzadarra / веселка

elurra / сніг

haizea / вітер

udaberria / весна

uda / літо

udazkena / осінь

negua / зима

eguraldiaren iragarpena

прогноз погоди

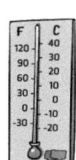

termometroa

термометр

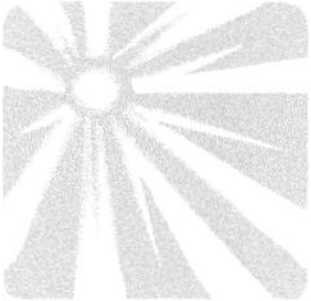

eguzkia

сонячне світло

hodeia

хмара

lainoa

туман

hezetasuna

вологість повітря

tximista

блискавка

trumoia

грім

ekaitza

шторм

kazkabarra

град

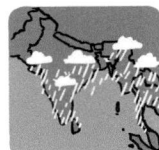

montzoia

мусон

uholdea

повінь

izotza

лід

urtarrila

Січень

otsaila

Лютий

martxoa

Березень

apirila

Квітень

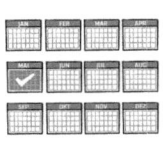

maiatza

Травень

ekaina

Червень

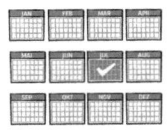

uztaila

Липень

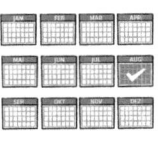

abuztua

Серпень

urtea - рік

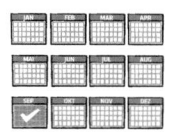
iraila
Вересень

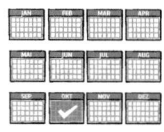
urria
Жовтень

azaroa
Листопад

abendua
Грудень

formak
форми

zirkulua
круг

karratua
квадрат

laukizuzena
прямокутник

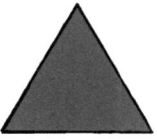
hirukia
трикутник

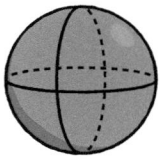
esfera
куля

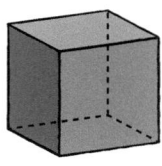
kuboa
куб

koloreak
фарби

zuria
білий

horia
жовтий

laranja
помаранчевий

arrosa
рожевий

gorria
червоний

morea
фіолетовий

urdina
синій

berdea
зелений

marroia
коричневий

grisa
сірий

beltza
чорний

aurkakoak
протилежності

asko / gutxi

багато / мало

haserre / lasai

лютий / мирний

ederra / itsusia

гарний / бридкий

hasiera / bukaera

початок / кінець

handia / txikia

великий / малий

argia / iluna

світлий / темний

anaia / arreba

брат / сестра

garbi / zikin

чистий / брудний

oso / osatu gabeko

завершений / незавершений

eguna / gaua

день / ніч

hilik / bizirik

мертвий / живий

zabal / estu

широкий / вузький

jangarri / jangaitz

їстівний / неїстівний

gaizto / on

злий / дружній

hunkituta / aspertuta

збуджений / нудьгуючий

lodi / argal

товстий / тонкий

lehen / azken

спочатку / востаннє

laguna / etsaia

друг / ворог

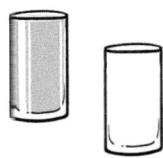

beteta / hutsik

повний / порожній

gogor / bigun

жорсткий / м'який

astun / arin

важкий / легкий

gosea / egarria

голод / спрага

gaixo / osasuntsu

хворий / здоровий

ilegal / legal

незаконний / законний

burutsu / ergel

розумний / дурний

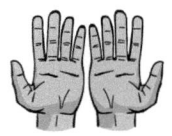

ezker / eskuin

вліво / вправо

gertu / urrun

поруч / далеко

aurkakoak - протилежності

berri / erabili

новий / використаний

ezer ez / zerbait

нічого / щось

zahar / gazte

старий / молодий

piztuta / itzalita

вкл / викл

irekita / itxita

відкрито / закрито

isil / ozen

тихо / гучно

aberats / pobre

багатий / бідний

zuzen / oker

правильно / неправильно

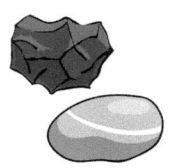

zakar / leun

шорсткий / гладкий

triste / pozik

сумний / щасливий

laburra / luzea

короткий / довгий

motel / azkar

повільно / швидко

busti / lehor

вологий / сухий

bero / hotz

гарячий / холодний

gerra / bakea

війна / мир

aurkakoak - протилежності

zenbakiak
числа

0
zero
нуль

1
bat
один

2
bi
два

3
hiru
три

4
lau
чотири

5
bost
п'ять

6
sei
шість

7
zazpi
сім

8
zortzi
вісім

9
bederatzi
дев'ять

10
hamar
десять

11
hamaika
одинадцять

zenbakiak - числа

12
hamabi
дванадцять

13
hamairu
тринадцять

14
hamalau
чотирнадцять

15
hamabost
п'ятнадцять

16
hamasei
шістнадцять

17
hamazazpi
сімнадцять

18
hemezortzi
вісімнадцять

19
hemeretzi
дев'ятнадцять

20
hogei
двадцять

100
ehun
сто

1.000
mila
тисяча

1.000.000
milioi
мільйон

zenbakiak - числа

hizkuntzak
мови

Ingelesa

англійська

Amerikar Ingelesa

американська англійська

Mandarin Txinera

китайська високочиновницька

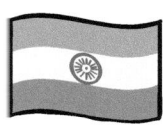

Hindia

хінді

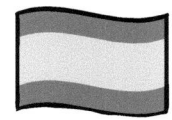

Gaztelania

іспанська

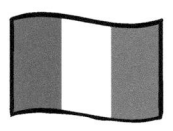

Frantsesa

французька

Arabiera

арабська

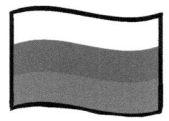

Errusiera

російська

Portugalera

португальська

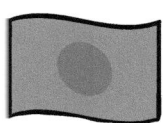

Bengalera

бенгальська

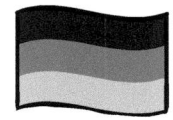

Alemana

німецька

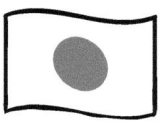

Japoniera

японська

nor / zer / nola
хто / що / як

ni
я

zu
ти

hura
він / вона / воно

gu
ми

zuek
ви

haiek
вони

nor?
хто?

zer?
що?

nola?
як?

non?
де?

noiz?
коли?

izena
ім'я

non
де

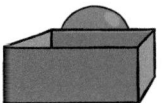

atzean

ззаду

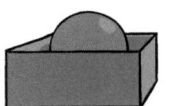

n

в

aurrean

перед

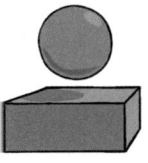

gainetik

над

gainean

на

azpian

під

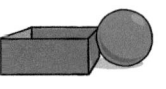

ondoan

біля

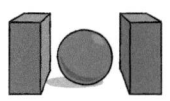

artean

між

leku

місце